S0-AFC-780

GRAPHIC LIBRARY®

en español

CIENCIA GRÁFICA

EL **IMPACTANTE MUNDO** DE LA

ELECTRICIDAD

CON **MAX AXIOM**®

SUPERCIENTÍFICO

por Liam O'Donnell

ilustrado por Richard Dominguez

y Charles Barnett III

Consultor:

Ron Browne, PhD

Profesor Adjunto de Educación Primaria

Minnesota State University, Mankato

CAPSTONE PRESS

a capstone imprint

Graphic Library is published by Capstone Press,
1710 Roe Crest Drive, North Mankato, Minnesota 56003
www.capstonepub.com

Library of Congress Cataloging-in-Publication Data
O'Donnell, Liam, 1970– author.
[Shocking world of electricity with Max Axiom, super scientist. Spanish]
El impactante mundo de la electricidad con Max Axiom, supercientífico / por Liam O'Donnell ;
ilustrado por Richard Dominguez y Charles Barnett III.
     pages ; cm. — (Graphic library en español. Ciencia gráfica)
Audience: Grade 4 to 6
Includes index.
ISBN 978-1-62065-179-7 (library binding)
ISBN 978-1-62065-982-3 (paperback)
ISBN 978-1-4765-1621-9 (ebook PDF)
1. Electricity—Comic books, strips, etc.—Juvenile literature. 2. Graphic novels. 3. Adventure
stories. I. Dominguez, Richard, illustrator. II. Barnett, Charles, III, illustrator. III. Title.
QC527.2.O4418 2013
537—dc23   2012019491

Summary: In graphic novel format, follows the adventures of Max Axiom as he explains the
science behind electricity—in Spanish

Art Director and Designer
Bob Lentz

Colorists
Ben Hunzeker and Kim Brown

Cover Artist
Tod Smith

Spanish Book Designer
Eric Manske

Editor
Donald Lemke

Translation Services
Strictly Spanish

Production Specialist
Laura Manthe

Printed in the United States of America in Stevens Point, Wisconsin.
092012   006937WZS13

TABLA DE CONTENIDOS

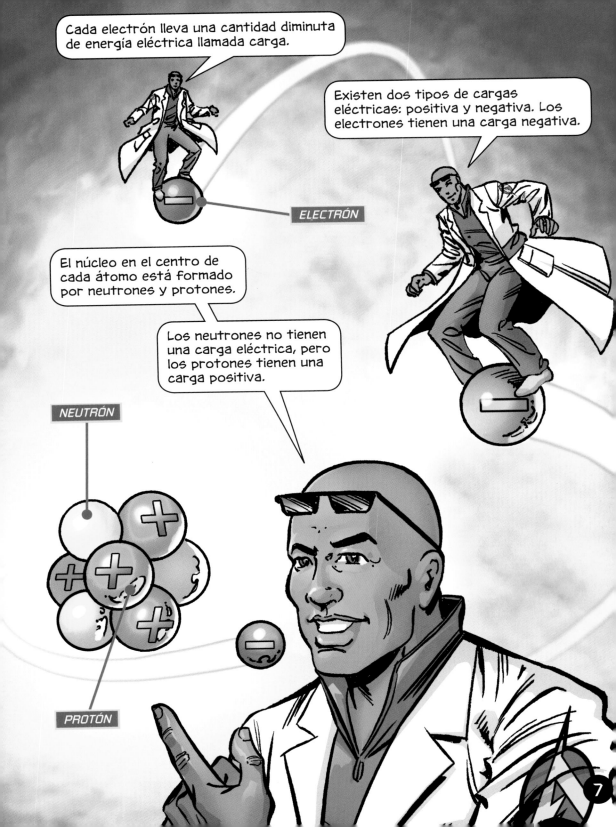

Para hacer electricidad, necesitas energía.

La energía se halla en muchas de las fuentes naturales de la Tierra.

El agua está llena de energía.

La energía en el viento se atrapa con turbinas de viento.

Hasta el carbón en minas profundas debajo la tierra está lleno de energía.

¿Cómo convertimos estas fuentes de energía en electricidad potente?

La energía renovable es una fuente que no se puede agotar completamente. El agua en los ríos o el calor del sol son fuentes de energía renovables. La energía del carbón y el petróleo pueden agotarse. Estos son ejemplos de energía no renovable.

Las fuentes de energía se transforman en electricidad en las plantas de energía.

Denise es una operadora en esta planta de energía donde se quema carbón para producir electricidad.

¡Correcto, Max! Casi un millón y medio de toneladas de carbón viajan por esta cinta transportadora cada año.

Vamos. Te mostraré a dónde se dirige todo este material.

11

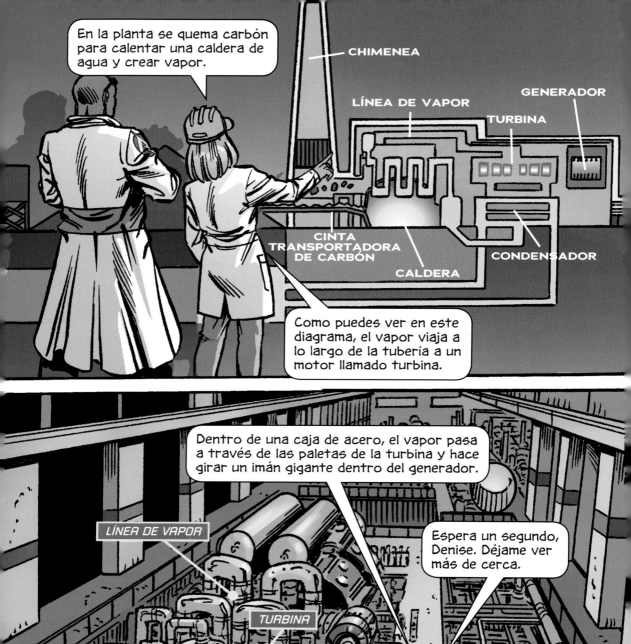

TURBINA: Vapor proveniente del agua que hierve hace girar las paletas de esta máquina.

IMÁN: La turbina hace girar el imán gigante, causando que los electrones salten de sus átomos.

MAX AXIOM

TEMA:
GENERADOR DE
PLANTA DE ENERGÍA

BOBINA DE ALAMBRE: Los electrones que saltan son capturados y empujados a lo largo de una bobina de alambre.

FLUJO ELÉCTRICO: Los electrones cargados fluyen del generador como electricidad.

Gracias por el tour, Denise. Me voy al techo a ver dónde va después la electricidad.

¡Excelente, Max! Lleva este walkie-talkie y llámame si necesitas algo más.

Las turbinas de viento crean la energía casi de la misma manera. En vez de vapor, el viento hace girar la turbina.

Agua corriente rápida también puede hacer girar turbinas.

Cuando se crea electricidad, la misma tiene que viajar del generador a nuestros hogares.

Por eso vinimos al techo.

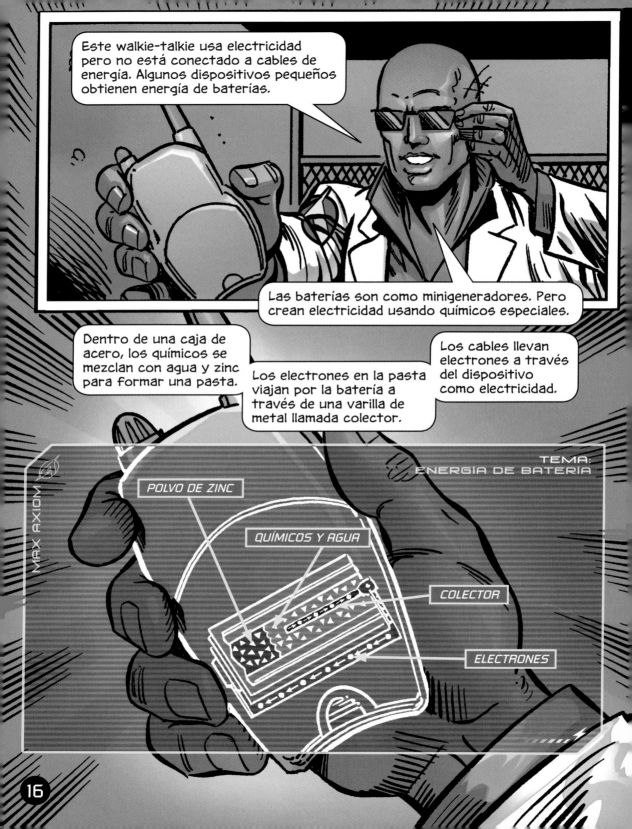

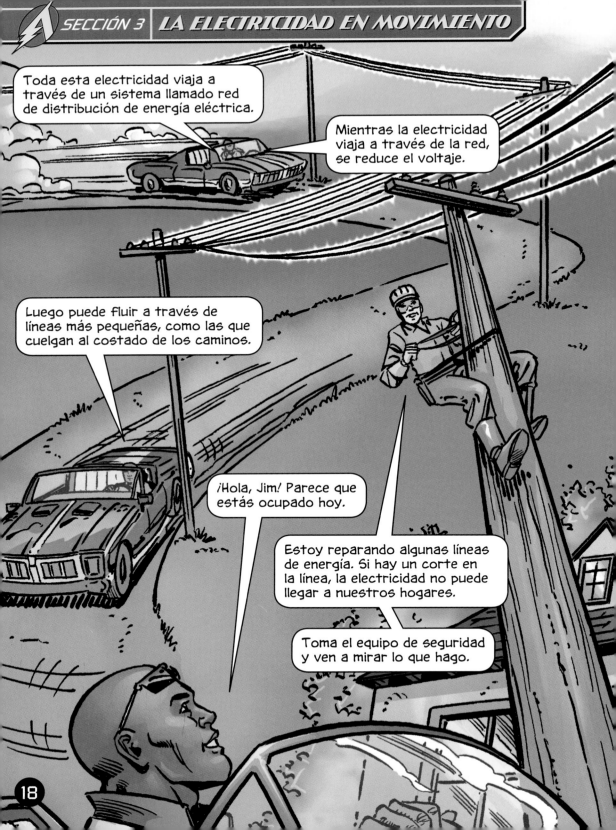

CIRCUITO CERRADO

CABLE
INTERRUPTOR
FUENTE
CARGA

La mayoría de los circuitos también tiene interruptores, como el interruptor de la luz.

Cuando el interruptor está cerrado, la electricidad va a través de la bombilla de luz ¡y se ilumina!

CIRCUITO CERRADO

Cuando el interruptor está abierto, el recorrido se corta.

Como una línea de energía derribada, la electricidad no puede fluir de la fuente a la carga.

23

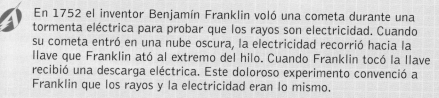

ELECTRICIDAD

En 1752 el inventor Benjamín Franklin voló una cometa durante una tormenta eléctrica para probar que los rayos son electricidad. Cuando su cometa entró en una nube oscura, la electricidad recorrió hacia la llave que Franklin ató al extremo del hilo. Cuando Franklin tocó la llave recibió una descarga eléctrica. Este doloroso experimento convenció a Franklin que los rayos y la electricidad eran lo mismo.

De hecho, el rayo es una forma extrema de electricidad estática. Dentro de las nubes de tormenta, pequeñas partículas se frotan entre sí para crear una carga eléctrica negativa. Esta electricidad negativa se estira hacia la electricidad positiva, que comienza a elevarse del suelo. Las cargas opuestas se encuentran para formar un rayo brillante de electricidad.

El 21 de octubre de 1879, el inventor Thomas Edison creó la bombilla de luz incandescente. Casi tres años después, abrió la primera planta eléctrica central en la Ciudad de Nueva York. Pronto, miles de estadounidenses estaban iluminando sus hogares con las bombillas de Edison.

Las tormentas están llenas de electricidad natural, pero los cielos soleados también tienen energía. La energía solar es una fuente renovable de energía del Sol. Paneles especialmente diseñados llamados células capturan la luz solar y la convierten en electricidad.

Los cables que llevan electricidad a nuestros hogares son extremadamente peligrosos. Por lo tanto, ¿cómo pueden las aves posarse sobre ellos? La electricidad siempre busca el camino más cercano a la tierra. Debido a que las aves no están tocando la tierra, la electricidad continúa seguramente a lo largo de los cables. Sin embargo, si una persona toca los cables mientras está en contacto con la tierra, él o ella podrían recibir una descarga eléctrica mortal.

La electricidad también puede generarse a través de la fusión nuclear. Durante este proceso, los átomos son aplastados juntos para crear un electrón adicional. El electrón crea energía para hervir agua y hacer girar una turbina. Como la energía solar, la energía nuclear no poluciona el aire. Desafortunadamente, crea desechos peligrosos.

 La creación de la electricidad a menudo crea polución, la cual puede ser dañina para el medio ambiente. Para ayudar a reducir la cantidad de electricidad usada en tu hogar, reemplaza una bombilla de luz incandescente por una bombilla de luz fluorescente. Pueden durar hasta 13 veces más y ahorrar electricidad. Si cada hogar en EE.UU. cambiase solo una bombilla, la cantidad de la polución prevenida se compararía a retirar 1 millón de autos de las carreteras.

MÁS SOBRE

SUPERCIENTÍFICO

Nombre real: Maxwell J. Axiom
Ciudad natal: Seattle, Washington
Estatura: 6' 1"   **Peso:** 192 lbs
Ojos: Marrón   **Cabello:** No tiene

Supercapacidades: Superinteligencia; capaz de encogerse al tamaño de un átomo; los anteojos le dan visión de rayos X; la bata de laboratorio le permite viajar a través del tiempo y el espacio.

Origen: Desde su nacimiento, Max Axiom parecía destinado a la grandeza. Su madre, una bióloga marina, le enseñó a su hijo sobre los misterios del mar. Su padre, un físico nuclear y guardabosques voluntario, le enseñó a Max sobre las maravillas de la Tierra y el cielo.

Un día durante una caminata en áreas silvestres, un rayo mega-cargado golpeó a Max con furia cegadora. Cuando se despertó, Max descubrió una nueva energía y se dispuso a aprender todo lo posible sobre la ciencia. Viajó por el planeta y obtuvo grados universitarios en cada aspecto del campo científico. Al volver, estaba listo para compartir su conocimiento y nueva identidad con el mundo. Se había transformado en Max Axiom, supercientífico.

Glosario

el aislador—un material que bloquea una corriente eléctrica

el amperio—una unidad usada para medir la fuerza de la corriente eléctrica

el circuito—el camino por el que se dirige la electricidad

el conductor—un material que permite que la electricidad viaje fácilmente

la corriente—el flujo de una carga eléctrica

el electrón—una pequeña partícula en un átomo que viaja alrededor del núcleo

la energía—la habilidad de mover cosas o realizar trabajo

el generador—una máquina que genera electricidad al girar un imán dentro de una bobina de alambre

el núcleo—el centro de un átomo; un núcleo está formado por neutrones y protones

el protón—una de las partes diminutas en el núcleo del átomo

la turbina—un motor energizado por vapor o gasolina; el vapor o gasolina se mueve a través de las paletas de un dispositivo semejante a un ventilador y lo hace girar

el vatio—una unidad para medir energía eléctrica

SITIOS DE INTERNET

FactHound brinda una forma segura y divertida de encontrar sitios de Internet relacionados con este libro. Todos los sitios en FactHound han sido investigados por nuestro personal.

Esto es todo lo que tienes que hacer:

Visita *www.facthound.com*

Ingresa este código: 9781620651797

¡Algo súper divertido! Hay proyectos, juegos y mucho más en www.capstonekids.com

Índice